Abdullah Rahhal

Zwischen Ethik & Ästhetik

Die Klage der Nachtigall

Gedankenlyrik

Bibliografische Information der Deutschen Nationalbibliothek:
Die Deutsche Nationalbibliothek verzeichnet diese Publikation in der
Deutschen Nationalbibliografie; detaillierte bibliografische Daten
sind im Internet über http://dnb.dnb.de abrufbar.

3. Auflage Okt. 2024

Korrektorat der Gedichte: Peter Schmidt, Lektorat Freiburg
Korrektorat der Prosa-Texte: Andreas Wolff
Cover-Design und Foto: Raphaela Weihpratizky

Verlag: BoD · Books on Demand GmbH, In de Tarpen 42,
22848 Norderstedt
Druck: Libri Plureos GmbH, Friedensallee 273, 22763 Hamburg

ISBN: 978-3-7597-1326-1

FÜR

HAYAT & TAJ ALDIN

und die erste Liebe,
die wahre Erfinderin der Poesie

ZUEIGNUNG

Furcht und Zittern – und Widerstand

Es schlägt die Uhr von Furcht und Zittern
Und lauter… lauter… lauter gellt.
Verfall und Untergang umwittern
Das Schicksal dieser neuen Welt.

Es mehren sich des Todes Zeichen,
Da Echos der Vergangenheit
Aus der Verbannung grimmig schleichen
Und klagen an die neue Zeit.

Und Palästinas Kinder wehren
Sich gegen Panzer mit dem Stein
Und alsobald mit den Gewehren
Fürs teure Recht, ein Mensch zu sein.

Und die Verdammten dieser Erde
Stets weiter kämpfen Hand in Hand,
Auf dass der Mensch zum Menschen werde,
Es lebe Gazas Widerstand.

Zur 3. Auflage, Okt. 2024.

Anästhesie

Wie ist das Geh'n für die, die fliegen?
Schön muss er sein, der Freiheit Flug,
Wo weder Reue kennt man noch Betrug,
Noch Wahrheit, die uns Gott verschwiegen,
Noch Angst vor Armut oder Kriegen,
Noch Bürgerpflicht, noch Strafvollzug.

Was wisst ihr von des Menschen Leben?
Ich bin das Wesen, das bedacht
Stets kämpfen muss der Wahlen Schlacht,
In kurzem Leben lange streben
Und Acht auf Gut und Böse geben,
Von höher Macht stets streng bewacht.

Der Mensch, ach, viel zu oft am Trachten,
So mühsam nach 'nem Stückchen Brot,
Und auf dem Markt mit Angebot
Steht oft herum, wo Gelder brachten
Viel' Sorgen ihm, ihn gierig machten
Und schlugen seine Freiheit tot.

Um seine Tat die Erde trauert.
Das Grün ergraut, wo er sie fasst,
Weil er die Welt nur sich anpasst,
Weil er das Land verschmutzt, bemauert,
Vergisst den Tod, der auf ihn lauert
Und tötet auch, betrügt und hasst.

Gern würd' ich alle Last wegdenken
Und lassen hinter mir die Welt,
Wo seltsam sich der Mensch verhält,
Will stets mit Bildern sich ablenken,
Mit Rausch und Märkten und Getränken,
Dann sklavisch strebt nach kleinem Geld.

Er fühlt das Sein und will mehr fühlen,
Im Hier und Jetzt noch mehr Genuss,
Bis all die Sinne aus Überdruss
Ersterben bald mit den Gefühlen,
Die warm mal waren, nun doch kühlen
Wie eis'ger Hauch den lüstern' Kuss.

Lasst eure Flügel mich wegtragen
Von dies' farblosen Welt weit fern,
Wo kalt und leer in ihrem Kern
Die Menschen sind und ständig tragen
Die Mask' der Höflichkeit, doch plagen
Sich mit des Fremden Leid ungern.

Wie können tanzen nur die Leute?
Schon tut das Reden höllisch weh
Der Kehle, und die Beine schwer
Sich ziehen müh'voll abends heute
Und morgens jagen nach der Beute,
Nach Unterhalt, stets hin und her.

Auf dieser Welt ist nichts zu finden,
Was je das fröhlich' Tanzen wert,
Weil nichts den Sinn des Lebens lehrt;
Weil uns das Leben nur will zwingen,
Um Wahrheit, Wert und Glück zu ringen,
Dann stets die Antwort uns verwehrt.

Hoch über grauen Wolken flieget
Ihr, Vögelchen, mit tränend' Herz
   ob des Menschen dauernd' Schmerz
Und gebt der Wolke, dass sie regnet
Von euren Tränen, seid gesegnet,
Begießt mein Elend und vermehrt's.

Hoch über grauen, trüben Städten,
Wo Fleiß die Menschen überfiel.
Sie spielen bloß ein Rollenspiel,
Wo alle Spieler lieber hätten
Des Andern Rolle, doch die Ketten
Des Menschen Leben viel zu viel.

Von mir und aller Welt verlassen
Fühl' ich mich heut', Gestern jedoch
War ich bestrebt und naiv noch.
Mich dünkt', ich könnte ihn erfassen,
Des Lebens Sinn, den ich nun doch
Muss als Gesuchtes stehen lassen.

Ästhetische Jahreszeiten

Der Baum tanzt sacht, es singt und lacht
Das Blatt zum Stern in warmer Nacht.
Mich laden ein zu Tanz und Lied
Von fern die Sterne und viel näher,
Von nebenan das Mädchen sieht
Zu mir herüber, spähet eher:
Warum ich denn nicht komm' zur Feier;
Die Jugend schöner, wenn sie freier;
Wie Tanzen ihr das Herz befreit;
Warum die schöne Zeit versäumen;
Die Alten von der Jugend träumen;
Und später noch ein Tanz zu zweit.

Der Baum nun müd', das Blatt zieht fort
Zu einem vorbestimmten Ort.
So unverdrossen Bäume steh'n,
Vergehend zwar, doch sorglos wartend,
So unaufhörlich Menschen geh'n,
Den eig'nen Untergang erwartend.
Der Tod gewiss, doch meist vergessen,
Der Mensch vom Augenblick besessen.
Tut's ihm auch gut, wenn er vergisst,
Ob der Vergesslichkeit doch elend.
Vergisst er nicht, dann wirkt es hemmend,
Vergisst er doch, treibt ihn die List.

Der Baum schläft ein, das Blatt verschwand,
Schnee auf dem Wald, Schnee auf dem Land.
Der blätterlos entblößte Baum
Vom Schnee behutsam wird bekleidet,
Viel wärmer als der leere Raum,
Wo stets die Öde mich begleitet.
Des Menschen Last ist nicht nur Sorgen
Für Haus und Recht und Brot für morgen,
Vielmehr liegt sie im Herzen drin:
Die stets gefühlte Leere – begehrend,
Sich einsam im Genuss verzehrend,
Verzweifelt ringend um den Sinn.

Der Baum wacht auf, es wächst erneut
Das Blatt und Farben weit verstreut.
Ein Lebensrausch die Last bezwingt,
Will stets sie noch vergess'ner machen,
Dass endlos sie in Schlummer sinkt,
Zur Wirklichkeit bloß nicht erwachen.
So geht zum Baum und tut ihn gießen,
O Menschen, die den Schlaf genießen.
Und schlafet lang' und schlafet tief,
Ein Tagestraum das gute Leben.
Mag mir mein toter Baum vergeben,
Zu lange her, dass ich einschlief.

Am Tag des Jüngsten Gerichts

Der Mensch

Ob ihr, Götter, ewig seid?

Gott

Was, o Mensch, ist Ewigkeit?

Der Mensch

Dies zu wissen war nicht erlaubt
Mir als Mensch. Ich hab' geglaubt.

Gott

Was dann war der Weisheit Sinn,
Die wir gaben dir da drin?

Der Mensch

Schätzte ich die auch so sehr,
Nicht die Wahrheit gabt ihr mir.

Gott

Noch der Mensch mit seiner Torheit
Sieht in Weisheit nicht die Wahrheit.
Schau' in dich hinein und sprich,
Was die Wahrheit ist für dich.

Der Mensch

Da, Allwissende, ihr fragt,
Höret, was der Mensch nun sagt.
Ich, der ich nur glauben kann,
Glaube nur an Wo und Wann.
Und ich glaube, dass ich bin
Im Hier und Jetzt. Ich spür' es drin.

Und ich glaube, dass das Sein
Für den Menschen ist nicht rein,
Stets getrübt von Gier und Leid,
Dennoch rein von Zeit zu Zeit,
Wo, so glaube ich, das Lachen
In der Seele lässt entfachen
Freies, ungetrübtes Glück.
Flieht es, dann kommt es zurück
Erst beim nächsten Lacher wieder,
Der im Herzen landet nieder,
Wie der Schmetterling auf Dorn.
Kam der Lacher, ging der Zorn,
Den ich gegen euch empfunden,
Ob des armen Menschen Wunden,
Die ihr trotz Allmacht nicht heilt,
Ihr, die ihr allgütig seid.

Oh Barmherzige, vergebet
Mir den falschen Zorn und nehmet
Meine tiefe Reue an,

Dass ich nur glauben kann,
Dass die Weisheit, die ihr gabet,
Mir die Wahrheit noch versaget.

Gott

Schau' in dich hinein und sprich,
Was die Wahrheit ist für dich.

Der Mensch

Da, Allweise, ihr erlaubt,
Höret, was der Mensch nun glaubt.
Ewigseiende, ihr fragt,
Was die Ewigkeit besagt:

Nur wenn jenes freie Glück
Einst für immer kehrt zurück
Und das glücklich' Wesen ewig,
Freien Herzens lacht es selig,
Dann ist alle Zeit bezwungen
Und die Ewigkeit errungen.

Wenn der Schmetterling verweilt
Und der Dornenstich geheilt,
Dann die Seele kennt das Sein,
Wie es wahrlich ist, wenn rein.

Da ihr, Ewige, nicht lacht
Über was der Mensch gedacht,
Folgt, verzeiht es mir, dass ich
Euch muss heißen stereblich.

Gott

Lob und Dank wir schenken dir
Für die Weisheit und noch mehr
Für den Zorn auf uns, der schlicht
Von der Nächstenliebe spricht
Und von Reinheit im Gemüt,
Das den Zorn aus Liebe fühlt.

Wer das Unbekannte liebt,
Will, dass ihm die Liebe giebt.
Heute steht als Sieger da,
Wer auf Erden Zweifler war.
Wahre Ewigkeit dein Lohn.

Wisse, o Mensch, der du mit Hohn
Uns die Sterblichkeit vorwarfst,
Dass die Wahrheit du entlarvst.
Denn für dich ward sie gedacht,
Wahre Ewigkeit vollbracht
Für des Menschen Dornenstich.
Nun die Wunden heilen sich.

Rein ins ewig' Lachen und Glück.
Tot warst du. Willkommen zurück!

Des Dichters Fleiß

O meine Silben, die mich trösten
Mit schön' Musik und süßem Ton,
Als nachts die Seufzer euch erlösten,
Da wart ihr meine Heilung schon,
Habt wie die Mutter zu ihrem Sohn
Gesungen, bis die Augen dösten.

So kurz die Nacht und lang der Tag,
So meine Silben sich sortieren,
Mal hin zur Ruh', mal hin zur Klag'
Schön taumeln und den Vers purgieren,
Manch hübsche Worte mir diktieren,
Indem sie zieren, was ich sag'.

Ihr suchet nicht das Herz beglücken,
Im Glück ist eure Macht geschwächt.
Ihr sucht, den Sinnen zu entrücken
Zum reinen Trieb, wo nichts mehr echt,
Wo alles jenseits Gut und Schlecht
Und nichts den Schrei kann unterdrücken.

Des Dichters Silben wollen fliehen,
Erleben, was er nicht erlebt,
Der Schwere magisch sich entziehen,
Entfliehen dem, der sie verwebt,
Der der Natur Getön erstrebt',
Dann ihr den eig'nen Ton verliehen.

Doch ist der Worte Flucht gescheitert,
Eh' sie die Feder freigesetzt,
Denn eh' die Flügel ausgebreitet,
Da stolpern sie an dem Gesetz
Der Sprache und dem Wörternetz,
Wo Freiheit mit dem Satze streitet.

Wie jeder Schrei davon getrieben,
Gehört zu werden von der Welt,
So auch, was er einmal geschrieben,
Der Dichter nie verborgen hält,
Der bald verwundert festgestellt,
Dass Menschen seine Schreie lieben.

Und an die Welt der Dichter richtet
Sein jedes Weh und jedes Lied,
Sodass er selbst den Sinn vernichtet
Und so sein Meisterwerk vollzieht,
Denn seit den Sinn er nicht mehr sieht,
Seither der Dichter schöner dichtet.

So meine Silben meine Launen
Verraten allen Menschen leis'
Und sanft von Not und Qualen raunen,
Was Menschen nett mit Lob und Preis
Belohnen, weil sie gern bestaunen
Des Dichters Leid, des Dichters Fleiß.

Reine Liebe – Reines Glück

Besucht hat sie mich heute wieder
Im Traum und brachte mit sich Lieder,
Von Liebe, Glück und jen' Sehnsucht,
Die sticht und brennt in meinem Herzen,
Ihm ständig fügt betörend' Schmerzen,
Die es vergeblich heilen sucht.

Im Traum sie waren schon verschwunden,
Das Herz von aller Not entbunden,
Zusammen bracht uns denn mein Traum.
In diesem konnt' ich dich nun sehen,
Berühren, küssen, dir nahestehen –
Ein Leben jenseits Zeit und Raum.

Nun bin ich abermals gefangen,
Der Traum vorüber und nun bangen
Mir Leib und Seele vor der Pein,
Die ja das Wachen mit sich bringe.
Zuwider sind mir alle Dinge,
Zuwider mir des Wachens Sein.

Die Liebe denn sollt' man hier meiden,
Macht gerne blind, dann macht sie leiden,
Durch Sehn- und Eifersucht und Gram.
Wie wär' sie ohne dunkle Triebe?
Welch reines Sein, welch reine Liebe!
Welch magisch' Traum, in den ich kam!

Hätt' Morpheus gnädig mich gelassen!
In deinen Armen mich verlassen!
Ich will in jenen Traum zurück,
In deiner Nähe ewig weilen,
Mit dir Moment und Leben teilen.
Welch reines Sein, welch reines Glück!

Man fühlt sich von der Erd' betrogen,
Wenn man den Himmel hat gesehen;
Denn wer durch Wolken frei geflogen,
Will nie auf Erden nochmal gehen.
So groß ist, ach, des Wachens Qual!
So schön des Traumes Ideal!

Mondeslied

Du singst dem Mond ein Liebeslied,
Das über Träume spricht.
Und deines Liedes Klang entzieht
Die Nacht ihr Mondeslicht.

Du reist durch dieses Leben mild,
Wie Wasser durch Gestein,
Dein Kompass auf dem Weg der Wind
Und Traum von reinem Sein.

Du träumst von reiner Daseinsform
Die jenseits Gut und Schlecht
Und jenseits List und Frist und Norm,
Befreit von Pflicht und Recht.

Denn jenseits Lust und Last, da ist
Dein Wunderland, dein Traum,
Wo du im reinen Glück vergisst
Das Sein in Zeit und Raum.

Auf deiner Lebensreise bleibt
Die Freiheit stets dein Ziel.
So reis' zum Land, das dich umtreibt,
Von dem du singest viel.

Und nimm auf deine Reise mit
Die Bilder von der Zeit,
Als einst dein jeder Blick und Schritt
Ward dir zur Ewigkeit.

Und kommt auf dich die Stille zu
Beim Reisen nachts einmal,
So gib dich hin der Mondesruh'
Und reis' hinein ins All.

Wohin dein Weg dich je auch nimmt,
Du bist am Ziel ohn'hin.
Es ist dein Weg, der stets bestimmt
Dein Schicksal und den Sinn.

Und wenn du ewig reisen magst,
Dann reise selig fort.
Das Leben ist's, wonach du jagst,
Es ist dein Ziel und Ort.

Und streb' der Freiheit weiter nach,
Sing' fort dein Mondeslied,
Bis jedes Weh und jedes Ach
Bezwungen dir entflieht.

Die Klage der Nachtigall

Der Wald und seine Winde fragen:
Wenn ihr am Schönen geht vorbei,
Wozu dann seid ihr Menschen frei?
Der See und seine Vögel klagen:
„Verlassen stets bei Nacht und Tagen,
Wo Menschen gehen nur vorbei."

Mich zog hinan im frühen Dämmern
Des Haines Lied. Ich schenkt' ein Ohr:
„Der Mensch, welch blinder, tauber Tor!
Sieht er denn nicht das Wasser schimmern,
Den grünen Spiegel golden flimmern?",
Sang mir betrübt ein Vogel vor,

„Lauscht er denn nicht den Lebenstönen,
Die hier gesungen Nacht und Tag?
O lauschend' Mensch bleib' hier und klag'
Und sing' mit mir, dass Menschen frönen
Dem emsig' Lauf und nie dem Schönen,
Obgleich es auch vor Augen lag!"

So wahr und rein dein Liedchen klinge,
Würd' ich, ach schöner Vogel, ach,
Gern singen deine Klage nach,
Nur liegt kein Wert in was ich singe;
Es ist nicht rein, was ich vollbringe,
Solang' des Menschen Stimme sprach.

Weil meine Worte, o Vogelfreier,
Das Schöne trüben und den Sinn,
Warum ich gerne bei dir bin,
Und ziehen einen dunklen Schleier
Über deine Farben, die viel freier
Und schöner ohne sprachlich' Sinn.

Zu kurz ist auch das Lied der Flöte,
Zu schnell verklingt es jedes Mal.
Wie singst du schön von meiner Qual!
Es schallt aus ferner Morgenröte
Und näher als des Herzens Nöte,
Dein Lied, o schöne Nachtigall.

Gern würd' ich mit dem Winde tauschen
Das Sein und singen leis' mit dir.
Gern wär' ich, oh Vögelchen, mehr
Als Ohren, die euch gerne lauschen.
Gern wär' ich gar ein Meeresrauschen,
Das ewig singt ein Lied am Meer.

Wenn ich ein wahrer Sänger wäre,
Mit reinem, ewigem Gesang,
Dann säng' ich zwar aus bloßem Zwang,
Als Mensch jedoch fühl' ich nur Leere,
Weil ich, o Himmelskinder, begehre
Eur' Lieder stets aus tiefstem Drang.

Bei euch, den wahren Sängern, staune
Ich über jenen weiten Ton,
So groß aus Zeus' gezürntem Thron,
Durchdringt mit Macht den himmlisch' Zaune,
Und füllt mich oft mit seltsam' Laune:
Als Blitz wär' ich, ach, gern gebor'n.

Ein bunter Baum wär' ich auch gerne.
Dann stünd' ich lange still im Wald
Und Blatt um Blatt mit euch würd' alt,
In mir die Ruh', über mir die Sterne,
Mein güld'nes Kleid weht' in die Ferne,
Die weiße Tracht ruht still und kalt.

So würd' ich wechseln stets die Farben
Der Welt und meine Stille bleibt
Stets fort und fort wechselt und treibt
Gar trieblos jenes Menschen Gaben,
Der mit dem Stift sich glaubt erhaben,
Mit eitlen Worten, die er schreibt.

Doch liegt mein Haus an grauen Orten,
Umzingelt rings von seltsam' Mauer,
Von einsam' Wesen voll der Trauer,
Mit Freuden kurz, dann vielen Sorgen,
Ermattet nachts und emsig morgen.
Des Menschen Glück von kurzer Dauer.

So wisst, o Freunde meiner Gedanken,
Dass ich als Mensch mit Müh' und Qual
Des Menschen Bürde trag': die Wahl,
Bei euch jedoch kann ohne Schranken
Der Feder gleich im Winde schwanken,
Zwischen aller Qual und ihm das All.

So kurz der Tag und bald muss sinken
Die Feder nieder in des Menschen Haus,
Wo eng die Wände sind und stets hinaus
Das Auge blickt zu euch, will trinken,
In eurem süßen Rausch versinken,
Und eilt dem langsam' Schritt voraus.

So nehm' ich oft zur Hand die Flöte
Und lasse mich auf Felsen nieder
Und spiele sacht, so müd' die Glieder,
Des Haines Lied über Herzensnöte.
Begehren schenkt euch meine Flöte,
So hört, o Wälder, meine Lieder.

Die Erbsünde

Was tut das Kind? Zum Herren spricht's!?
Was betet der, der keine Sünde
Zu büßen hat und keine Gründe,
Zu fürchten noch den Tag des G'richts?

Ach so! Woher wusst' es? Woher?
Der Weise hätt' es ihm verschwiegen!
Dem armen Knaben Sünden liegen
Als Erbe nun auf Schultern schwer.

„Wie kann das sein!?", fragt nun das Kind
Und rennt zum Vater gleich geschwind:
„Das soll nicht sein! O nein, o nein!",
Lang' red't es auf den Vater ein,

„Die erb' ich nicht! Bitte höre zu!"
Das Kind hört nur: „Glaubest nun du?!",
Bevor sie klebt ihm an der Wange,
Die Sünde seines Vaters, lange.

Naturalistische Theorie

Sei auch das Gefühl der Liebe
So erhaben und so fein,
Überragt es nicht den Triebe,
Den uns die Natur prägt ein.

Wenn vernarret die Geschlechter,
Sind wie Tiere sie und schlechter.
Dann der junge Mann will prahlen
Und die Frau mit Schönheit strahlen.

So dir alle Lieb'sgeschichten
Werden Eines doch berichten:
Dass sie mit Gestalt verführet
Und er mit dem Ton betöret.

So der Mann begann zu dichten,
Und die Frau so lieblich höret.

Ein gläubiger Astronom

Ich glaube schon und glaube tief!
Und bin im Glauben auch aktiv.
Zum Beten öffne ich die Seele
In Zeiten, die bedacht ich wähle.

Ich bete nachts und bete viel:
O Licht im All, o Lebensziel,
Wie du dich hältst vor mir verborgen
Und lässt mich suchen bis zum Morgen.

Ich folge deiner Spuren Pfad,
Ich folge meines Herzens Rat,
Dann fließt der Glaube tief im Herzen,
Ein Fluss aus zehn Millionen Kerzen,

Und raunt, dass ich dich werd' erreichen.
Schickst du mir nur dein helles Zeichen,
Dann folg' ich deines Lichtes Bahn,
O fernster Stern, o süßer Wahn!

Der Wille zum freien Willen

Oder: Anthroposophie

Was kritzelt da? Was malt sich auf?
Ein Stift in Hand und Wörterlauf.
Ein' Seele sucht nach Unbekanntem,
Mit Worten ruft nach Unbenanntem.

Wie sie stets rennt gegen die Zeit,
Dann stolpert am Gedankenstreit.
Sie sehnt sich nach … wonach denn bloß?
Was drängt sich auf? So stark und groß!!

Was will sich denn so dringend schreiben?
So Manches kann wohl drin nicht bleiben.
Es will frei sein, es will befreien,
Dem Dasein eine Seele leihen.

Sobald es jedoch bricht heraus,
Dann steht es gleich in eng'rem Haus.
Denn ob der Sprache Tyrannei
Ist es hier draußen wen'ger frei.

Zu viel die Regeln in dem Satze.
Hier wär' es sicher fehl am Platze.
Es ändert sich in meinen Worten.
Es ist nicht rein an solchen Orten.

Zwischen Pronom' und dem Verbe
Kämpft die Freiheit, eh' sie sterbe.
Des Stiftes Mühe bringt nicht viel,
Nur etwas Spaß am Wörterspiel.

Was wahrlich sich zu wissen lohnt,
Steht nicht geschrieben, sondern wohnt
Des Menschen seelisch' Kräften inne.
Wollt ihr denn seh'n, was lebt dadrinne?
Müsst selbst hinwandern und dann staunen
über des Geistes seltsam' Launen.

Was malt sich da in meinem Kopfe?
Ein grünes Land, wo froh ich hüpfe?
Ein stilles Rauschen leerer Küste?
ach, das sind nur sinnlich' Lüste!

Hier schlummern nur die reinen Triebe.
Die Reinen sind nicht Hass und Liebe,
Denn diese sind ein Schein des Wahren,
Wie es die Schatten Platons waren,
Zu sehen an der Höhlenwand,
Wo sklavisch man in Ketten stand.

Denn hier ist weder Stille noch Leere.
Hier ist des Geistes tiefste Sphäre.
Es lebt, es strebt und regt das Sein.
Es zieht die Welt in sich hinein.
Es ringt und bringt hervor die Taten.
Es drückt sich aus in all' Zitaten.

Es wohnt dem Kern des Menschen inne,
Der sich will über sich selbst erheben.
Wollt ihr denn seh'n, was lebt dadrinne?
Müsst' wagen euch jenseits der Sinne,
    euch des eig'nen Schattens entheben.

Das Geschenk Leben

Aus dem Dunkel ging hervor ein Glanz des Lichts,
Als geschenkt war uns das Leben aus dem Nichts.

Und ins Nichts zurück wir kehren,
Fort zu kalten dunklen Leeren,
Kurz in warmem Licht geblieben,
Wo mit ewig treibend' Trieben
Wir ein mystisch' Licht genossen,
Glücklich oft und oft verdrossen,
Kurz das mystisch' Licht gewesen,
Wir die überklugen Wesen:

Hier wir gehen durch die Trauer,
Hier wir werden zu oft sauer,
Hier wir lachen, hier wir lieben,
Hier wir sind von Angst getrieben,
Dass wir einmal sterben müssen,
Dass wir nie mehr werden lachen,
Dass wir nie mehr werden küssen
Jene, die uns glücklich machen.

Sing' zum Hier, sing' zum Jetzt, sing' zum Paradeis,
Denn die Lieder nach dem Tode klingen fern und leis'.

Der Suchende

Rätselhaftes Wesen geht um auf Erden,
    das kann lesen,
Stellt auf Thesen übers Werden,
    stets größ're Fragen,
Die überragen sein Vermögen,
    Wissen zu tragen –
Des Hirsches Traum, auf Regenbögen
    Farben äsen;

Sich vom Erkenntnisbaum ernähren
    und jene Goldenernt',
Die sich Erkenntnis nennt, begehren,
    noch über sie hinaus
Den Zweck vom Ganzen lehren,
    überhaupt vom Erdenhaus,
Wo er reges Tanzen lernt,
    an Sinn glaubt von weit entfernt;

Von höheren güt'gen Mächten,
    die Zweck ihm schenken,
Hoffnung, dass in bösen Nächten
    an ihn sie denken.
Auch wenn der Glaube sich nicht hält,
    sucht er Sinn in sich drin,

Im Schönen seiner Welt,
    der Gewissheit, dass ich bin
Und kann der Freiheit Töne singen,
    mit der Liebe
Selbst den Sinn hervorzubringen,
    auf dass er für ewig bliebe.

Athenas Tragödie

Es war vor langer, langer Zeit
Einst eine königlich' Hoheit.
Sie saß anmutig auf dem Throne
Und trug die allerschönste Krone
Und trug das allerschönste Kleid.

Sie hat in frühsten Zeiten schon
Das Volk gar sonder Pries und Lohn
Gehegt mit wahrer, treuer Liebe,
Gepflegt mit mütterlichem Triebe,
Gewarnt vor Gier und Groll und Hohn.

Sie war begabt mit göttlich' Kraft,
Gesegnet alles, was sie schafft.
Sie staunte nachts und gab am Morgen
Den Menschen Rat und Heil für Sorgen,
Und abends trieb sie Wissenschaft.

Sie staunte über Mensch und Welt,
Sie lauschte gern durch Wald und Feld
Und stellte Fragen ohne Ende
Gern auf dem Markt und dem Gelände
An jeden, der zu hören hält.

In einer stürmend', brausend' Nacht
Der Wind seufzt tief, Chronos erwacht:
„O du, die du dich wunderst weise,
Betrachterin der menschlich' Reise,
Mit dir soll diese Zeit vollbracht.

Du hast, was heut' der Mensch entbehrt,
Erkenntnis, die ihm soll gelehrt,
So soll ich dich bedingt befreien,
Dir ew'ge Lebenszeit verleihen,
Solang' die Weisheit wird gelehrt."

Und Zeus versprach von hohem Ort:
„Solang' sie lehrt, sie lebet fort
Und bringt den Menschen stets die Wonne.
Doch runter geht der Menschheit Sonne,
Wenn bald Olympus' Lenz verdorrt."

Sie hat das Glück stets dem geschenkt,
Der gern betrachtet, gern nachdenkt,
Der eifrig strebt nach wahrem Wissen
Und strauchelt nicht an Hindernissen,
Wie Eitelkeit und was noch kränkt.

Sie führte weise und gesund
Das Leben, dem sie auf den Grund
Zu gehen suchte stets mit Fragen,
Die eifrig nach Erkenntnis jagen
Und wollen tun die Wahrheit kund.

Sie brachte vielen Menschen bei,
Zu staunen in der Welt, wobei
Sie wissen, dass sie nur betrachten,
Dass das Wissen, wonach sie trachten,
Nie wird erlangt vom Glauben frei.

Die Pflichten ernst, die Fragen viel,
Dass mühsam ihr die Herrschaft fiel,
Bis sie beschloss, ein Kind zu haben,
Dann Kinder, die die viel' Aufgaben
Mit ihr bald teilen und das Ziel.

Sie hat den tief' Erkenntnisdrang
Im sinnlich', abendlich' Gesang
Vererbt den Töchtern, die sie brachte
Zur Welt und für die Platz sie machte
Zu ihrem Thron von hohem Rang.

Oft hat sie ihnen vor der Nacht
Der Logik Sätze beigebracht,
Gelehrt, dass sie sich auch erkühnen,
Zu tanzen auf den eig'nen Bühnen;
Zu denken, was noch nie gedacht.

Denn jede Tochter war geschickt
Mit eig'ner Gabe, die erblickt
Die Welt nach andren Seinsgestalten,
Den Kräften, die das Sein durchwalten,
In denen sich der Geist verstrickt.

Der einen Tochter war die Kraft
In der Bewegung rätselhaft,
Der andern war's die Kraft im Leben.
Und Eine wollt' die Augen heben
Empor zum All, wo Gott erschafft

Mit seiner Kraft das himmlisch' Licht.
Wo schlummert vor des Menschen Sicht
Stets jene Ursubstanz zu sehen?
Ob je die Augen es erspähen?
Ist denn die Zahl der Wahrheit Pflicht?

Der Töchter Streben dennoch war,
Obwohl gar klug, der Weisheit bar.
Den Glauben wollten sie entbehren,
Empirisch alles Sein erklären,
Des Irrtums wurden nicht gewahr.

Dann eine Greisin prophezeit'
Der Königin, dass Not und Leid
Dem Volk sie werden einst zufügen
Und werden trotz der Mutter Rügen
Entfesseln Völkermord und -streit.

Sie dachte trotz der Skepsis Geist,
Dass, was die Greisin stur verweist,
Zur Wahrheit neigt, wenn man betrachte,
Dass sie den Töchtern nie beibrachte,
Was Menschenliebe wirklich heißt.

Und gleich, ob sie das Recht vertrat,
Die Greisin büßte für die Tat,
Als sie der Töchter Mord ersonnen,
Den Wächtern jedoch nicht entronnen,
Im Kerker starb ob dem Verrat.

Fortan sie blieb den Töchtern nah,
Gab ihnen Rat, derweil sie sah,
Wie ihre Gaben sich entfalten,
Enträtseln der Natur Gewalten
Und was in Caelums Reich geschah.

Sie hielt sie einig und gesund.
Sie frönten vieler Morgenstund',
Wo Wissenschaften fortgedieh'n
Zu ihrer Töchter Melodien,
Gesungen in vereinter Rund'.

Bald sah die Königin dann ein,
Dass jede Tochter doch allein
Fortgehen wollt' auf eig'nen Wege.
So lieb die Mutter das Kind auch hege,
Das Kind geht fort, bleibt nimmer klein.

Indem sie wuchsen, wuchs auch mit
Der Töchter Drang nach freiem Schritt
Und von der Mutter sich zu trennen.
So wird die Mutter bald erkennen,
Dass jene Greisin Unrecht litt.

Je mehr das Kind die Welt erkund't,
Mit jedem Einblick und Befund,
Ums' mehr es sucht zu überragen
Den ersten Lehrer und zu wagen
Hinaus sich über seinen Grund.

Doch hat die Königin geglaubt,
Denn Glauben hat sie sich erlaubt,
Dass ihre Kinder dies einsehen,
Den blinden Triebe nicht nachgehen,
Nicht hinterlassen sie entlaubt;

Und dass, wenn ihre Töchterlein
Doch schlügen andre Wege ein,
Den bess'ren Weg sie würden wählen
Und nie des Wissens Sinn verfehlen
Und nie der Zwietracht Anlass sein.

Doch trennten sich die Töchter bald,
Als ihres Ehrgeizes Gewalt
Sie macht' der Mutter Lehren spotten
Und teilte auf das Volk in Rotten
Und schuf im Königreiche Spalt.

Der Schein des Neuen zog und zieht
Die Menschen an mit holdem Lied,
Das mit charmantem Ton betöret,
In jeder Zeit das Volk verführet,
Bis es vom Alten nimmt Abschied.

So grenzten sich die Töchter aus
Im eig'nen Thronsaal und Schulhaus,
Gefolgt von Schülern und Getreue,
Bis bald aus einem Volke neue,
Verstreute Völker strömten aus.

Um Fortschritt hat man sich bemüht.
Die neue Zeit hat bald geblüht.
Ein Segen schien der Töchter Streben.
Es lebe das moderne Leben,
Wo länger dauert das Gemüt!

Doch Fortschritt fordert stets heraus
Gefahren neu und neues Graus.
Ein Rad, das mit des Menschen Kräften
Stets fort sich dreht, doch in Geschäften
Der blühend' Zeit scheint eine Flaus'.

So gab sich manche Tochter bald
Die Schuld an schauriger Gewalt,
Vollzogen mit der Töchter Händen,
Die zu Athene sich nicht wenden,
Der Macht gebieten nicht Einhalt;

Vollzogen von dem Enkelsohn,
Stets jagend nach dem höchsten Thron,
Begabt im steten Geldvermehren,
Mit unersättlichem Verzehren,
Mit Teufelslist und Weltvision.

Verschmachten soll, wer sich nicht beugt,
So ist der Herrscher überzeugt.
Erobernd, gierig, machtbesessen
Lässt er des Menschen Freiheit messen
Am Gold, das dieser ihm erzeugt.

Athenas Töchter jeden Thron,
Den sie erbauten, nun verlor'n
An den Tyrannen, dem nun dienen
Die Schulen gleich, wie die Goldminen.
Und Hunger ward der Freiheit Lohn.

Und jeder ward des Geldes Knecht,
Wo Reiche leben blind bezecht,
Behaglich auf des Armen Qualen.
Und in Fabriken leere Schalen
Arbeiten, stolz auf manches Recht.

Ein Traum von einer neuen Welt,
Wo der Tyrann steht da als Held,
Der in das Chaos Ordnung brachte
Und aus den Kriegen Wohlstand machte.
Doch Blut aus diesem Wohl noch quellt.

Beraubt des Throns durch dies' Unrecht,
Ward alt Athene und geschwächt.
Denn nimmer an die Geistesfragen
Die Menschen wollen sich mehr wagen,
Nur manche bloß an Wortgefecht.

O seht die arme Greisin da!
Die erste Königin sie war.
Ein Schatten ihrer Selbst noch wandert,
Von der Vergangenheit zermartert.
Hätt' sie erkannt bloß die Gefahr!

Sie murmelt, was sie einst gedacht.
Sie trauert um verlor'ne Pracht.
Und stets sie denkt an alte Zeiten.
Wie war das Übel zu vermeiden?
Als Chronos dann erneut erwacht:

„Vergehen ist ein Fluch der Zeit.
Davon hab' ich dich einst befreit.
O Lehrerin der weisen Leute,
Zu wenig sind die Weisen heute.
Zurück in die Vergangenheit!"

Da fand sie sich als Greisin vor,
Weil sie des Lehrers Trieb verlor.
Der Töchter Kern sie wollt' enttarnen,
Ihr junges Selbst vor Übeln warnen.
Vergeblich warnte sie und schwor.

Sie nahm des Bösen Last an sich,
Den Dolch verbarg, zum Kinde schlich,
Da fand sie alte Liebe wieder
Und sprach und kniete weinend nieder:
„O unveränderliches Ich!"

Erkenntnis ändert nicht die Wahl,
Nur Liebe ändert und die Qual.
So ließ sie zu die bösen Taten,
Um nicht die Liebe zu verraten.
So lehrte sie ein letztes Mal.

Und als sie bald so müd' und fahl,
Gefangen in des Kerkers Qual,
Gedämmert ein, da schwebten nieder
Der himmlisch' Sylphen sanfte Lieder
Und führten sie zum Göttersaal.

Die rote Nelke

Sehe, wie die rote Nelke
Dich mit unverstellter Pracht,
Wie ein Kind das müde Auge,
Ungezwungen lächeln macht.

Sehe, wie die Vögel sangen,
Als du unbetrübt gelauscht,
Ihre Lieder sanfter klangen,
Als ein Weh das Herz berauscht.

Sehe, wie der Mensch bemalet
Leer' Gestalten der Natur.
Und des Bildes Farbe strahlet
Nach des Malers Federspur.

Meine Heimat I

Das Versprechen

Meine Heimat, werd' ich dich je wiedersehen,
Wiederriechen deine Düfte,
Die die Seele atmet noch und ewig wehen
Zärtlich deine lauen Lüfte?

Nie vergaß ich, nie werd' ich die Pein vergessen,
Die dir, Heimat, widerfahren.
Doch dein Stolz, ob auch dein Leiden unermessen,
Wird in schwerer Zeit dich wahren.

Meine Heimat, wirst du uns je wiedersingen
Deine schönen Frühlingslieder,
Die seit Langem kalte Stürme überklingen
Und in Träumen kehren wieder?

Zeugnis trugen deine unbeweinten Trümmer,
Als die Jungen Eid geschworen.
Aus der Liebe Glück und aus des Todes Kummer
Werden Helden stets geboren.

Meine Heimat, wer wird kommen, um zu heilen
Deine schon vergess'ne Wunde?
Wenn ich könnte, würd' ich jetzt mit dir sie teilen,
Bis zu jener fernen Stunde.

Meine Treue jenem gottgeweiht' Versprechen,
Das ein Kind dir gab in Schmerzen,
Werd' ich alternd nicht vergessen, niemals brechen,
Ewig tragen tief im Herzen.

Meine Heimat, werd' ich dich je wiedersehen,
Fröhlich folgen deinen Bächen?
Werd' ich frei auf deiner Wälder Pfaden gehen?
Werd' ich halten das Versprechen?

Meine Heimat II

Ein Lied für das Kind

Früher spielt' ich mit dem Ball
Auf denselben Straßen.
Fröhlich rannt' ich schnell einmal,
Wo die Alten saßen.

Weiß die Welt von meinem Haus?
Weiß denn jemand, was geschah?
Und warum ein Kind zog aus,
Seinen Freund nie wiedersah?

Später rannt' ich auch so schnell,
Hinter mir Soldaten,
Hielten mich für ein' Rebell',
Immer mehr sich nahten.

Weiß die Welt von jenem Tag?
Weiß denn jemand, was geschah,
Als ein Kind am Boden lag,
Wehrlos und dem Tode nah?

Jenes Tag's hab' ich versprochen
Meinem Freund, dass wir
Werden kämpfen ungebrochen
Für die Freiheit mehr,
Für des Menschen teure Würde,
So das Kind sein Spiel
Musst' begraben ob der Bürde,
So das Kind litt viel.

Weiß denn jemand, was geschah,
Als das Kind erkannt',
Dass die Welt gar stumm zusah,
Als sein Haus gebrannt?

Früher spielt' ich mit dem Ball,
Vor den langen Kriegen,
Wo die Straßen gleich dem Tal
Nun in Trümmern liegen.

Schreib' uns öfter!

Wie glücklich hat es uns gemacht,
Als heut' die Post zu uns gebracht
Von dir den Brief, der uns geschenkt
Die Freud', dass Kaja an uns denkt.

Welch schöne Schrift, welch schöne Seele!
Welch Glück, dass wir dich, Kaja, kennen!
Schreib' öfter uns, erzähl' uns mehr, erzähle
Von deinen Reisen, sobald wir uns trennen.

Am Wandern bist du, stets am Trachten
Nach gutem Handeln und nach Sinn –
Ein Schatz verborgen in dir drin,
Den alle seh'n, die dich betrachten.

Das Schöne in dir so viel, dass ich dich wähle
Als beste Freundin, erstes Vorbild.
Schreib' öfter uns, erzähl' uns doch, erzähle,
Eh' uns dein' Gegenwart zu schmerzlich fehle,
Auf dass die Briefe machen die Ferne mild.

Hassliebe

Geliebter Gedankenfeind
Bleib unverändert
So schön und rein
Komm nicht zu nah
Geh nicht zu fern
Du bist da, um da zu sein

Du bist ein tiefer Schlummer
Mitten im weiten Himmel
Die Sterne sind mein Kissen
Das ewig All mein Sessel

Du bist ein köstlicher Wein
Der Sorgen aus mir raubt
Nur leider brennt wie Feuer
Wenn ich ihn hab getrunken
Und mir die Sinne betäubt
Zeit und Raum verschwunden

Du wirst mir umso fremder
Je mehr ich dich bedenke
Ich will dich nun doch kennen
Nimm mich zu deinem Lande

Du bist ein mystisch Meer
Mit täuschenden Gesichtern
Mit Sanften Wellen am Strande
Doch Stürme kommen aus dir

Du Schickst mir oft die Wärme
Machst mich zu deinem Nachbar
Doch wenn ich näherkomme
Dann fühl ich nur die Kälte

So bist du mein Geheimnis
Das sogar ich nicht kenne
Ich will dich fest umarmen
Doch muss dich bald loslassen
Eh mir das Herz verbrenne

Geliebter Gedankenfeind
Bleib unverändert
So schön und rein
Komm nicht zu nah
Geh nicht zu fern
Dring in mein Herz bitte
Nicht so tief hinein

Seltsame Nähe

Jetzt in schönster Jahreszeit,
   in warmer Ruh' und Behagen,
Mancher Baum in weißem Kleid
   und manche, die Lichter tragen,
Schöner Gedanke, der viel Leid
   in mir erweckt und viele Fragen:

Du, die du sonst viel zu fern,
   doch jetzt in seltsam' Nähe
Bist und feierst sicher und gern,
   wo ich dich doch nicht sehe.
Und ich frage Mond und Stern,
   ob er dich jetzt erspähe.

Und am Staunen oft bin ich
   an schönen Feiertagen,
Wieviel' Meter erforderlich
   und wenig wären, doch es wagen,
Frech daran zu hindern mich,
   dir nur »Ich liebe dich« zu sagen.

Die Vorliebe des Dichters

Auf dem Land und auf dem See,
    gesellt und im Geheimen,
Immer sucht der Dichter gerne
    nach den schönsten Reimen.

Ob den Menschen, ob den Sternen,
    nie ist's ihm zuwider,
Allen singt der Dichter gerne
    seine neusten Lieder.

Des Dichters kleines Laster

Der Dichter ist ein neidisch' Wesen,
Beneidet kurz um einen Reim,
Den er noch eben frisch gelesen
Und süßer fand als Honigseim.

Das Liebenswerte

Es war bestimmt das Schöne in dir drinne,
Was mich anzog, betörte mir die Sinne
Und ließ mich jeden Tag vermissen
Den Anblick dein – er hat mich mitgerissen.

Universelle Diskussionskultur

Wer belehrend sich dartu',
Dem hört keiner gerne zu.
Wer doch zu bescheiden spricht,
Kommt zum End' des Satzes nicht.

Wer Kann euch denken?

Wer kann euch, o Götter, denken?
Wer kann sich eu'r Sein vorstellen?
Denn ihr seid jenseits der engen
Sinnlich' Schranken, gar der Quellen
Aller Bilder und Idee,
Die sich Menschen machten je.

Bitte weine mit!

Gar nichts auf dieser Welt
Berührt mich je so sehr,
Wie wenn der Alte hält
Zurück ein Tränenmeer
Und lächelt dabei mild –
O Stolzer weine mit!

Tränen aus Stahl

Kennst du es, wenn die Kehle
Drückt runter jedes Wort,
Wenn schreien will die Seele
Und still das Herz verdorrt?
Doch weinen willst du nicht
Vor denen, die dich halten
Im Dunklen für das Licht,
Die Kerze, die in kalten
Orkanen nicht erlischt.

Für meine Rosen

Nicht nur die Länderei sie zieren,
Sie sind auch da für Müßiggang.
So oft mit schwerem Herz flanieren
Bekümmert' Leut', sich amüsieren
Am Anblick meiner Rosen lang'.

Ihr fröhlich' Leute mögt zu schmücken
Mit Röslein euch die Haare, doch
Wenn euch die Rosen so entzücken,
Dann nicht sie pflücken, lasst beglücken
Sie euch und Andre länger noch.

Preis des Ehrgeizes

Hält dich die Frage länger wach?
Will dich der Ehrgeiz länger treiben?
Schon leuchtet meine Kerze schwach
Und deine Feder krümmt das Schreiben.
Ach, lass' die vielen Fragen sein!
Ich bin nur eine, denke mein!

Am Ende war

Die Wahrheit geblieben
Im Schatten der Kerze,
Die Lehre geschrieben
Auf Splittern der Herze.

VERZEICHNIS DER GEDICHTTITEL

Über den Autor

Abdullah Rahhal, geboren im Juli 1998 in Syrien in der Stadt Idlib. Er floh Mitte 2015 vor dem syrischen Bürgerkrieg nach Deutschland. Drei Jahre nach seiner Ankunft erhielt er in Freiburg am Goethe-Gymnasium seinen Abiturabschluss mit einem Preis für besondere Leistungen und absolvierte im Jahr 2022 zwei parallele Bachelorstudiengänge in Volkswirtschaftslehre, sowie in Philosophie. Derzeit setzt er sein Philosophiestudium im Master fort.

Im Mai 2023 erschien der erste Band seines lyrischen Werkes „*Poetisches Entweder – Oder*", worin er sich den Fragen der Existenzphilosophie widmet. Nun arbeitet er neben anderen Projekten am zweiten Band dieses Werkes.

Milton Keynes UK
Ingram Content Group UK Ltd.
UKHW030853111124
451035UK00001B/92

9 783759 713261